मैं ख़्वाब लिखता हूँ

दीपक राठौड़

जो बात मैं किसी से कह नहीं पाया, आज लिखकर सबको कह दी।

अनुक्रमणिका

भूमिका

(लेखक की कलम से)

"कविता लिखना शायद मैंने कविता को समझने से पहले ही शुरू कर दिया था।"

उस वक़्त ये सिर्फ़ एक छोटी सी ख़ुशी थी — शब्दों से खेलना, दिल के किसी कोने की आवाज़ को पन्नों पर उतार देना। शायद यह मेरे लिए एक निजी संतोष था, आत्मा को सुकून देने वाला एक छोटा-सा क्षण।

लेकिन वक़्त के साथ, ये शब्द सिर्फ़ मेरे नहीं रहे। मैंने महसूस किया कि जो मैं लिखता हूँ, वो कई और दिलों की आवाज़ बन सकता है। हर कविता जो मेरे भीतर जन्मी, उसने किसी और के भीतर की ख़ामोशी को आवाज़ दी। यही अहसास मेरी लेखनी को एक उद्देश्य दे गया।

"मैं ख़्वाब लिखता हूँ" — यह किताब सिर्फ़ कविता-संग्रह नहीं है, बल्कि उन भावनाओं की यात्रा है जो हर दिल ने कभी-न-कभी महसूस की हैं। इसमें कुछ अधूरे सपने हैं, कुछ टूटे रिश्ते, कुछ बचपन की गलियाँ, और कुछ समाज से पूछे गए सवाल है।

इस संग्रह में लिखी गई कविताएँ केवल मेरी कल्पनाओं की उपज नहीं हैं। मैंने इन्हें रोज़मर्रा की ज़िंदगी में जीते हुए, आस-पास के चेहरों को देखते हुए लिखा है। कभी सड़क पर किसी बच्चे को खिलखिलाते देखा, तो कभी क्लासरूम में किसी जोड़े को खामोश झगड़ते हुए। कभी किसी बुज़ुर्ग की आँखों में थकी हुई उम्मीदें दिखीं, तो कभी किसी मुसाफ़िर की पीठ पर बोझा — जिसे मैंने बस शब्दों में पिरो दिया।

कभी ये कविताएँ मेरी थीं, फिर ये सबकी हो गईं।कभी ये ख़ुशी से निकलीं, कभी दर्द से भीगीं, और कई बार बस इसलिए लिखी गईं — क्योंकि न कहना भारी लगने लगा था।

ये कविताएँ किसी शैली या बंधन में नहीं बंधीं — जैसे भावनाएँ किसी नियम की मोहताज नहीं होतीं। कहीं ये लफ़्ज़ किसी की याद में भीगते हैं, तो कहीं सवालों में जलते हैं। कुछ पंक्तियाँ ख़ामोश होकर भी बहुत कुछ कह जाती हैं, और कुछ चीख़कर भी बस महसूस करवा जाती हैं।

मैंने इन लफ़्ज़ों में अपने हिस्से की ख़ामोशी, सुकून, तकलीफ़, उम्मीद और मोहब्बत को पिरोने की कोशिश की है। मुझे नहीं पता कि ये कितनी 'अच्छी' कविता है — लेकिन इतना ज़रूर जानता हूँ कि ये 'सच्ची' कविता है।

मेरी कोशिश बस इतनी है — कि जब आप इन पंक्तियों को पढ़ें, तो कहीं न कहीं, आपको ख़ुद का अक्स नज़र आए।

— दीपक राठौड़

भटके ख़्वाब

कुछ भटके ख़्वाबों को जब घर मिला,
तो उन्होंने आज खुद को बेघर पाया।
अपनी दुनिया बनाकर जी रहा था वो,
आँखें खुलीं तो एक कमरा नज़र आया।

सब तो बिखर ही चुका था वहाँ आज,
फिर भी सही-गलत समझ न पाया।
खुद की ग़लतियों का हिसाब किसे माँगे?
सब जोड़कर देखा, तो खुद को टूटता पाया।

वो शहर जिसे वो अपना कहता था,
आज वहाँ उसे कोई अपना नज़र नहीं आया।
कल वो फिर रास्ते में भटकता दिखा था,
आवाज़ लगाई थी, पर उसे मिल नहीं पाया।

वो किराए का मकान

कुछ उस तरह हमने पनाह दी उन्हें,

वो चले गए, लेकिन हम न निकल पाए।

हमसे कई दफ़ा हाल पूछा जाता है,

लेकिन चुप रहते हैं — कोई अनजान की तरह।

कितने प्यार से बनाया था हमने,

उस कमरे को जिसमें सिर्फ़ उनको पनाह मिली।

आज वो सिर्फ़ एक किराए का मकान है,

जिसमें हर कोई कुछ दिन रहकर चला जाता है।

सोच रहा हूँ — ताला लगा दूँ उस कमरे में,

अब यहाँ किसी मुसाफ़िर के लिए पनाह नहीं।

वो ख़्वाब जो पूरे हुए थे

वो रास्ते तुम पे ही क्यों आके रुकते हैं,
जो एक दिन तुम से ही शुरू हुए थे।

उन ख़्वाबों को मैं हक़ीक़त मान बैठा था,
मुझे लगा वो सच हैं, जो पूरे हुए थे।

सोचा तुझ से अच्छा शायद कोई भी नहीं है,
ख़ामख़ा हम ख़ुद से ही बुरे हुए थे।

मैं आज भी वो ग़लती को ग़लती नहीं मानता,
वो ख़्वाब, ख़्वाब ही कैसे, जो पूरे हुए थे।

मुझे महसूस न हुआ कर

यूँ मुझे महसूस न हुआ कर,
दूरी तेरी ख़्वाहिश है, तो दूर ही रहा कर।

अब आदत सी है, मुझे इस अँधेरे की,
चाँद तू आसमाँ पर सही है, ज़मीं से दूर रहा कर।

मेरी हर बात में ज़िक्र तेरा, शायद एक इत्तिफ़ाक है,
मेरा होना भी एक इत्तिफ़ाक समझ, और भूल जाया कर।

ख़ुद ही में उलझा ख़ुद, सुलझे कैसे?
समुंदर क़तरे का भूखा है, तू बस बेबस को उलझाया कर।

न वो हारा है, न कभी तुझे हारेगा,
तू जीत है उसकी, कभी उसे जिताया भी कर।

ठहरा नहीं था

हाथ थाम लो, तो साथ चल देंगे,
सफ़र हमारा वैसे ठहरा नहीं था।

उसे छूकर लहरें वापस किनारे आतीं,
यूँ ही समुंदर गहरा नहीं था।

उम्र गुज़र गई उनके इंतज़ार में,
इश्क़ था उनसे, वो बस एक हसीन चेहरा नहीं था।

सोचा था दिल सलामत है हमारे पास,
वो चुरा ले गए, वहाँ कोई पहरा नहीं था।

सूरज का डर

सूरज का उल्टा निकलना भी क़बूल किया,

रस्में झूठी होंगी, लेकिन उजाला तो नसीब होगा।

पूरा जहाँ जगमगा उठा — सिर्फ मेरा मकान छोड़कर,

जिसे बस एक नन्हा दीपक भी जगमगा देता।

आज जब बाहर का उजाला देखता हूँ,

चैन से ज़िंदगी कटती है अँधेरे में भी।

लेकिन डर आज भी है — इस सूरज के डूबने का,

रात होने का... और चाँद के निकलने का।

ख़्वाब बेचकर नींद

कल मैं ख़्वाब बेचकर, नींद ख़रीद लाया,
फिर जब आँखें खुलीं, तो एक नया दिन नज़र आया।

हक़ीक़त का हक़ीक़त से वाक़िफ़ होना ज़रूरी था,
चाँद भी तब दिखा, जब हर जगह अँधेरा छाया।

कुछ पाने की चाह में, कहीं दूर निकल चुका हूँ,
सब पीछे छोड़ आया था, आगे कुछ नज़र न आया।

एक कतरा

एक कतरा समुंदर में बह गया।
जाते-जाते इशारों में कुछ कह गया।
वैसे भी कहाँ था उसका कुछ, जो पीछे रह गया।

एक दिन जब वो किनारे वापस आएगा,
कुछ लहरें भी अपने साथ में लाएगा।
यही खेल है जीवन का, जो आएगा वो जाएगा।

चाँद से बात

चाँद से बात हुई,
चंद मिनटों के लिए।

फिर कुछ बादल छाए,
और वो फिर दिखा नहीं।

अभी सुबह हुई है,
बस अब रात का इंतज़ार है।

नहीं बदल पाता हूँ

हर दिन बदलना चाहता हूँ,

क्यों फिर वापस वहीं आता हूँ?

कुछ बात है, जो कह नहीं पाता हूँ,

कमज़ोर हूँ, लड़ नहीं पाता हूँ।

मैं हाज़िर हूँ, तो क़ीमत बढ़ा नहीं पाता हूँ।

सच बोल देता हूँ, इसीलिए नहीं भाता हूँ।

हर रोज़ ज़ख़्मी होकर आता हूँ,

ये जानकर भी नहीं बदल पाता हूँ।

कुछ ख़्वाब आए थे

कुछ ख़्वाब आए, रात को जगाने,
कुछ डरे, सहमे से लगे मुझे।

कुछ फ़िक्र-सा नज़र आ रहा था,
शायद हक़ीक़त से वाक़िफ़ थे वो।

पर ये हक़ीक़त तो मुझे भी मालूम थी,
सब जानकर भी मैं ख़ामोश था।

फिर मैंने अपनी बात सामने रखी,
और दोनों चले गए, वापस नींद में।

पाता ही नहीं

ख़्वाब तेरे अलावा कोई और आता ही नहीं,
दिल की दहलीज़ तक कोई पहुँच पाता ही नहीं।

क्या मैं कमज़ोर? या तुझसे रिश्ता गहरा है,
ख़ुद को भूल जाता हूँ, पर तुझे भूल पाता ही नहीं।

तू शोर बन जाती है, मेरी इस ख़ामोशी में,
कुछ बातें ज़रूर हैं, पर मैं किसी से कह पाता ही नहीं।

वक़्त मानो बह रहा है, बहुत कुछ कह रहा है,
ख़ामोश दिल, कोई और आवाज़ सुन पाता ही नहीं।

हर रोज़ कुछ लिख देता हूँ, उसे याद करके,
पर ख़ुदा, मैं आज भी तेरी मर्ज़ी समझ पाता ही नहीं।

तेरी मर्ज़ी नहीं ख़ुदा, तो हार मान लेता हूँ,
पर तूने इतना जिताया है, कि हार मैं सह पाता ही नहीं।

ख़ास हूँ मैं, मेरे लिए

कमज़ोरी, ज़रा ज़ोर से हिला मुझे,
ताकि आँखें खुलें मेरी, और सुबह हो।

गिलास पूरा भर, और पिला मुझे,
सब सच कह दूँ, नशे में धुत होकर।

ख़ुद से बिछड़े अरसा हुआ, एक बार मिला मुझे,
अब खोना नहीं चाहता, ख़ास हूँ मैं, मेरे लिए।

तेरे जैसा कोई नहीं

ठहर जा थोड़ा, ऐ मुसाफ़िर,
मेरा यहाँ कोई नहीं।
लाखों मिलेंगे राहों में राही,
तेरे जैसा कोई नहीं।

मंज़िल तेरी कहीं और होगी,
सपनों के बाज़ारों में।
मेरी राह बस तुम तक है,
नहीं तेरे जैसा कोई, बेगानों में।

लड़कर ख़ुद से, थक गया हूँ,
मेरा यहाँ कोई नहीं।
लाखों मिलेंगे राहों में राही,
तेरे जैसा कोई नहीं।

बचपन ढूँढता हूँ

मर गई मुस्कान आज, मैं यादें समेटता हूँ,
भागदौड़ सी ज़िंदगी में बचपन ढूँढता हूँ।

दौड़ रहा हर इंसान आज, वो नादानी कहाँ?
माँ की वो ममता और पिता का डर कहाँ?
उन दिनों को याद कर आज, मैं रुकता हूँ,
भागदौड़ सी ज़िंदगी में बचपन ढूँढता हूँ।

बईमानों की दुनिया में, वो मासूमियत कहाँ?
दो हज़ार की नोट में, एक रुपए का मज़ा कहाँ?
वो शैतानी याद करके, मैं कभी रो पड़ता हूँ,
भागदौड़ सी ज़िंदगी में बचपन ढूँढता हूँ।

मैं ख़ुद ज़िम्मेदार हूँ

किस्मत का ज्ञान नहीं मुझे,
मैं कर्म से वफ़ादार हूँ।
आज अपने हर हाल के लिए,
मैं ख़ुद ज़िम्मेदार हूँ।

यूँ हाथ में अपने हाथ रख,
कब तक खड़ा रहूँ?
इन हालातों की जाल में,
कब तक पड़ा रहूँ?
अपने ही द्वारा रचा मैं,
एक जय-जयकार हूँ।
आज अपने हर हाल के लिए,
मैं ख़ुद ज़िम्मेदार हूँ।

सवालों से अब डरना क्या?

सवालों से जो यारी है।

उत्तर की खोज में निकल चुकी,

आज मेरी यह सवारी है।

कोशिश में अब कमी कहाँ,

मैं ख़ुद के लिए ललकार हूँ।

आज अपने हर हाल के लिए,

मैं ख़ुद ज़िम्मेदार हूँ।

कल, आज और सवाल

गुमनाम रातों में,
ख़ुद से बतियाता हूँ।
पूछता हूँ आज से,
उस कल के बारे में।

ये वो कल है,
जिसको न देखा है,
न कभी मिला हूँ।
फिर भी उम्मीद है,
ढेर सारा प्यार है,
न उत्तर की आस है,
फिर भी सवाल लाख हैं।
ये कल, कल आज हो जाएगा,
फिर एक और कल राज हो जाएगा।

तूने जितने नहीं दिया

जब कुछ पूरे होने लगा,
तो ख़्वाबों की हमें मानो आदत लग गई।

यही मान के चलने लगे,
सब अपना है जो हमने मान लिया है।

सब पूरा भी हो जाएगा,
जो सब हमने ठान लिया है।

लेकिन ऐसा तूने होने नहीं दिया ज़िंदगी,
तूने जितने नहीं दिया और मैं हारा नहीं।

फिर वही दो बक्से

न जाने यह वक़्त कैसे बीत गया।

कुछ साल पहले, दो बक्से साथ लिए,

पापा की उंगली पकड़े, घर से दूर हुआ था।

माँ अपने आँसू, मुझे बच्चा समझ छिपा रही थी,

पापा भी बिना आँसू गिराए, मुझे छोड़ गए थे।

आज पापा छोड़ने तो नहीं आते मुझे,

क्योंकि उम्र ने बड़ा कर दिया, पर रिश्ते ने नहीं।

लेकिन माँ आज भी अपने आँसू मुझसे छिपाती है,

पापा आज भी चुप रह कर सिर्फ़ हाथ हिला देते हैं।

एक बार फिर सब बात भूलकर,

सपने दिल में बसा कर, फिर वही दो बक्से,

और निकल पड़ता हूँ, अपनी मंज़िल की ओर।

क्या साथ चलोगे?

क्या साथ चलोगे? तो बोलो।

यूँ सपने मत दिखाओ मुझे मंज़िल के,
इन राहों से मैं अंजान हूँ।
चला जाऊँगा कोई भी राह पकड़कर,
मैं थोड़ी बेजान हूँ।
डर लगता है झूठे वादों से मुझे,
साथ निभाओगे? तो बोलो।

ख़ुश हूँ मैं, थका बैठकर भी,
झूठी उम्मीद का शिकार तो नहीं हूँ।
तुम निकल गए यहाँ से चलकर आगे,
मैं बेचारा आज भी यहीं हूँ।
कभी लड़खड़ा जाता हूँ ज़िंदगी में मैं,
संभाल पाओगे मुझे? तो चलो।

क्यों छुपाए बैठे हो

क्यों छुपाए बैठे हो, ये बातें किसी से कह दो ना।
दर्द बंटे हैं दुनिया में कई, थोड़ा सा तुम सह लो ना।

बाँध रखी अपने जीवन की डोर, ग़ैरों के कंधों पर,
सुख जी लिए मिल बाँटकर, दुख रखे अपने सर।
साथ रखो कुछ ऐसे इंसां, उनको गले लगा लो ना,
क्या मिलेगा तुम्हें जुदा होकर, साथ हमारे रह लो ना।
क्यों छुपाए बैठे हो, ये बातें किसी से कह दो ना।

ऐसे छोड़ जाना सफ़र को, ये कोई अंत नहीं,
वैसे भी जीवन कुछ पल का ही है, ये भी अनंत नहीं।
लगें कभी अकेला राह में, ख़ुद से तुम बतियाओ ना।
ये वक़्त भी गुजर जाएगा, ये बात ख़ुद से कह दो ना।
क्यों छुपाए बैठे हो, ये बातें किसी से कह दो ना।

जब ख़ुद से मुलाक़ात हुई

आज मुझसे जब मेरी बात हुई,
न जाने कितनी शिकायत हुई।
रौशनी फैलाने कहीं और चला था,
दीपक तले ही देखो रात हुई।

धूप बहुत थी उस राह के सफ़र में,
अपने घर पहुँचा, तो बरसात हुई।
ढूंढ रहा था ख़ुशी इन हवाओं में कहीं,
पा लिया सब, जब ख़ुद से मुलाक़ात हुई।

सच है, वो बस आज है

कल है, वो सब राज़ है,
सच है, वो बस आज है।

ग़म है इन बातों में तेरी,
नम सी तेरी आवाज़ है।
कुछ चीज़, तेरे बस में नहीं,
क्या इसलिए नाराज़ है।
कल है, वो सब राज़ है,
सच है, वो बस आज है।

एक ख़्वाब की हक़ीक़त

एक ख़्वाब को इस कदर पाला,

कल मैंने देखा वो हक़ीक़त बन गया।

कभी मंज़िल हुआ करता था,

आज अचानक मेरा हमसफ़र बन गया।

सोचा वो कुछ बादल होंगे दिखावे के,

लेकिन आज मुझ पे खुलकर बरस गया।

बंजर ज़मीन पर पानी की बूंद था वो,

देखा वो आज हमारे लिए तरस गया।

क्या यह हक़ीक़त, वाक़ई हक़ीक़त है,

या मैं बस यूँ ही ख़ामख़ा बहक गया।

आज वो मुझे फिर मिल गई

वो लम्हा था पुराना,
हल्का सा मुस्कुराना, दिल चुराना।
उसका इधर-उधर घूमना,
मेरे दिल का जैसे जुमना।
उसे एक बार देखने की चाहत,
जैसे मिलती थी मेरे दिल को राहत।
इस इंसान को फ़िदा कर गई,
आज वो मुझे फिर मिल गई।

अब चाहत का जादू चल चुका था,
लगता था मैं उन पे मर चुका था।
कोई दर्द की परवाह नहीं थी,
शायद मेरी मंज़िल अब वहीं थी।
यह बात मैं उसे बताना चाहता था,
मेरा प्यार उसे जताना चाहता था।
मेरी सिर्फ़ कोशिश रह गई,
आज वो मुझे फिर मिल गई।

यह एक तरफ़ा प्यार था,

जिसका मैं हक़दार था।

कहानी अधूरी रह जाती है,

लेकिन कुछ यादें दे जाती हैं।

यह घड़ी तो ऐसे ही घूम जाती है,

लेकिन क्या कभी उसे हमारी याद आती है?

यह सिर्फ़ कहानी थी, ख़त्म हो गई,

आज वो मुझे फिर मिल गई।

एक बात अधूरी है

सूरज निकला आज वक़्त से पहले,
ये रात अधूरी है।
एक बात अधूरी है।

मैं उसे आज हारकर भी जीता हूँ,
ये मात अधूरी है।
एक बात अधूरी है।

उसके जितना क़रीब, कोई नहीं यहाँ,
फिर कैसी ये दूरी है।
एक बात अधूरी है।

ख़्वाब को आज़ाद रहने दो

कुछ दाग़ को बेदाग़ रहने दो,
ख़्वाब को आज़ाद रहने दो।

इस उड़ान को मत रोकना,
इस बार उसे मत टोकना।
बेजान सी राह में, जान रहने दो,
ख़्वाब को आज़ाद रहने दो।

हारा है, पर हार माना नहीं,
जीते बिना आज जाना नहीं।
लड़खड़ाते इस पैर को, शेर रहने दो,
ख़्वाब को आज़ाद रहने दो।

अगर आंखें खुलें, तो ख़्वाब टूटे

अगर आंखें खुलें, तो ख़्वाब टूटे,
वो रात कभी भी पूरी न हो।
जो पूरी होकर ख़त्म हो गई,
वो कहानी क्या, जो अधूरी न हो।

कुछ पास हुए, कुछ आस लेकर,
कुछ सब खो बैठे, अपना सब देकर।
अब वो लौट गए, तो कोई मज़बूरी न हो,
उसने ख़ुद चुनी, ये दूरी न हो।

अगर आंखें खुलें, तो ख़्वाब टूटे,
वो रात कभी भी पूरी न हो।

माँ

दर्द ऐसे अपनाए बैठी है,
मानो जैसे तेरा वो हिस्सा है।
तेरे बिना मेरी लंबी कहानी माँ,
एक छोटा सा किस्सा है।

कुछ ख़्वाब कहीं तेरे भी होंगे,
पता नहीं उन्हें तूने कहाँ छुपाए रखा है।
मेरे जीवन के हर ज़हर को माँ,
मेरे लिए तूने पहले ख़ुद चखा है।

पर्वत भी झुक जाए तेरे आगे,
ऐसे लड़ते देखा है हालातों से तुझे।
मैं हार भी कैसे सकता हूँ माँ,
लड़ना जो तूने सिखाया है मुझे।

मेरे सपनों की टोकरी में,
ऊपर रखे वो सारे सपने तेरे हैं।
तेरे सपने मैंने खोने नहीं दिए माँ,
बस वो अब तेरे नहीं, मेरे अपने हैं।

क्या तुम रावण जलाओगे?

क्या तुम रावण जलाओगे?

न उतना ज्ञान है,

न वो स्वाभिमान है।

जल तो स्वयं रहे हो,

फिर क्यों ये अभिमान है?

इंसान बनकर आएं हो,

क्या सिर्फ़ किरदार निभाओगे?

क्या तुम रावण जलाओगे?

न कोई मर्यादा है,

न निभाया वादा है।

वो राजा लंकेश था,

तू इंसान आधा है।

चेहरे तुम्हारे भी अनेक हैं,

यह सब कहाँ छुपाओगे?

क्या तुम रावण जलाओगे?

कभी पूछा है तुमने ख़ुद से

कभी पूछा है तुमने ख़ुद से,
आख़िरी बार ख़ुद से तुम कब मिले थे?
देखा है कई दफ़ा दूसरे के पेड़ों को नहलाते हुए,
याद भी है कब तुम्हारे बाग़ान में फूल खिले थे।

भागते रहते हो ग़ैरों की ख़ुशी के लिए,
कुछ मालूम भी है अपने लिए कब हिले थे।
हिस्सा बन बैठे हो अब किसी और की कहानी का,
भूल गए क्या कुछ मोहब्बत के तुम्हारे भी सिलसिले थे।

क़रीब पहुँचा

क़रीब पहुँचा तो दूरियां महसूस हुई।

वो बचपन की किलकारियां,

वो चिड़ियों की चहचहाहट,

गलियों में खेली छुपामछुपाई,

पापा से बचकर खेली हुई क्रिकेट,

छोटा सा बैग लगाकर स्कूल जाता मैं,

एक रुपए में खुश हो जाने वाला मैं,

शहर बस्ती से दूर, मस्त मगन मैं।

घर के दरवाज़े तक पहुँचा तो देखा,

आज मेरे ही घर में, मेरा स्वागत हो रहा था।

वो ख़्वाब सा दिखता है

वो ख़्वाब सा दिखता है,
जब भी दिखता है।

लहरें छूकर गई किनारे को,
किनारा फिर इंतज़ार में दिखता है।

कुछ अधूरे से बरसें बादल की,
किसान राहें ताके दिखता है।

कुछ सपने रह गये अधूरे से,
एक बार फिर चाँद निकलते दिखता है।

मर्ज़ी का खेल

मर्ज़ी का खेल शायद कभी न चले,
फिर भी जो चले, बस वो चले।

इस घनघोर अँधेरी रातों में,
जो दीपक बनकर जले।
जगमगा दे जहाँ सारा,
ख़ुद भले अंधेरों में पले।

मर्ज़ी का खेल शायद कभी न चले,
फिर भी जो चले, बस वो चले।

नज़र आती नहीं

थक गया हूँ मैं सफ़र में,
अब राह नज़र आती नहीं।
अंजान लगने लगे वो साथी,
कोई चाह नज़र आती नहीं।

डूब रहा सूरज अब दिन में,
रोशनी नज़र आती नहीं।
ढूंढ रहा खुद को मुसाफ़िर,
पहचान नज़र आती नहीं।

रूठे हुए हैं लफ़्ज़ आज-कल,
कहानी नज़र आती नहीं।
दफ़ना दूँगा इन्हें पन्नों में मैं,
कलम नज़र आती नहीं।

अंधेरे से मोहब्बत

तलाशता रहा उसे,
उसके न होने पर भी।
मैं उम्मीद से यारी कर बैठा।

कुछ वक़्त के लिए क़रीब पाया,
फिर अपने से बहुत दूर।
ख़ुश था फिर भी मैं,
उसे खुश होते देखकर।

वक़्त के साथ वक़्त भी बदला,
कोशिश की मैंने, कुछ मैं भी बदला।
एक दिन मेरे अंधेरे आँगन में,
मैंने उस चाँद को उतरा पाया।

चमक वो आज भी रहा था,
पर कुछ धुँधला सा उसे पाया।
प्रसन्न हुआ उसे अपने क़रीब देख,
पर उसका दर्द आज भी दर्द दे गया।

रखना चाहता था वापस पास अपने,

धुँधला सा था, पर चाँद जो था।

पर मेरा दिल इस बार नहीं माना,

वो अब अंधेरे से अंधी मोहब्बत कर बैठा था।

फिर मिले तो सही हम

फिर मिले तो सही हम,

पर अब कुछ अनजान से थे।

क़रीब होने के बावजूद,

न जाने ये कौन सा फ़ासला था।

दिल उसकी आवाज़ सुनने को बेताब था,

पर दिमाग़ कोशिश करने से रोक रहा था।

उसे लगा पहले मैं बोलूंगा,

लेकिन मुझे सिर्फ़ उसे सुनने की आदत थी।

ग़लत कौन था यह तो पता नहीं,

पर सिर दोनों के झुके हुए थे।

उसे छोटे मकान पसंद नहीं

मेरे क़रीब से गुज़रकर,

वो कहीं और गई।

कोशिश की थी मैंने,

रोकने की उसे।

लेकिन कुछ देखा था उसने वहाँ,

मुझसे वो रुकी नहीं।

मकान छोटा था मेरा,

पर बसेरा हमेशा का था।

एक दिन मैंने उसे लौटते देखा,

उदास होकर जाती दिखी।

सोचा बुलाकर हाल ही पूछ लेता हूँ,

फिर याद आया — उसे छोटे मकान पसंद नहीं।

डर का विनाश

क्या खोने का अब डर है,
देख, उड़ने को तो पर हैं।
लड़ ले अपनी क़िस्मत से,
यहाँ हर साहसी अमर हैं।

मेहनत का बीज बो दे,
क्यों क़िस्मत पे हम रो दे?
खरा सोना पाएगा वो,
जो कोई तेरी क़ब्र खोदे।

शायद खुदा रूठ गया है,
कोई अपना छूट गया है।
तू नाराज़ है अपने मकाँ से,
या उनकी इमारत से डर गया है?

डर का तू विनाश कर,
हालात को अपने भुलाकर।
मंज़िल तेरे पैर चूमेंगी,
तू जाएगा जीत हारकर।

राह का कोई पता

न मंज़िल ख़बर है, न राह का कोई पता,
थक सा गया हूँ, ख़ुदा अब तो कुछ बता।

इस कोशिशों के समुद्र में, हो गया हूँ लापता,
पूरी कहानी नहीं, एक क़िस्सा तो सिर्फ़ दे बता।

न डरा हूँ नाकामियों से, और न ही हूँ ख़फ़ा,
आज़माना चाहे तो आज़मा ले तू जितनी दफ़ा।

सोच रहा जिसको मैं, उस चीज़ को रखी कहाँ?
परिंदा भेज इस राही को, जो ले चले मुझे वहाँ।

बता देना मुझे राह मेरी, या मैं तो ढूँढता ही रहूँगा,
आख़िर तेरा हिस्सा हूँ, ये बात आकर तुमसे कहूँगा।

तू हमदम नहीं है

कौन सही, कौन ग़लत,
ये बात जानने का अब दम नहीं है।
हिसाब रखते थे सारे रिश्तों के हम,
फ़र्क इतना है कि, अब हम 'हम' नहीं हैं।

एक पत्थर था रास्ते में जिससे,
हमने हज़ार ठोकरें खाई हैं।
कल उठाकर किनारे रख आए,
उसे भी पता चले कि, हम भी कम नहीं हैं।

हर बार जो सिर झुका दे,
वो कमज़ोर हो, ये ज़रूरी नहीं।
तुझे अपना मानकर चलते थे,
आँखें खुलीं तो पता चला, तू हमदम नहीं है।

तुझमें ही गुम

तुझे पाए बिना ही खोने का डर,
क्यों अक्सर मुझमें रहता है।

हर बार कहीं दूर चले जाने को,
मेरा ये मन मुझसे कहता है।

बार-बार एक सा दर्द होता है,
फिर भी दिल क्यों ये सहता है?

मैंने हर बार ये महसूस किया है,
वो तुझमें ही गुम रहता है।

गहरा इश्क़

गहरा इश्क़, इतनी गहराई में मिला,
मैं खो गया, न मैं मिला, न वो मिला।

पहली नज़र का प्यार, मुझे हज़म होता नहीं,
कोई दरवाज़ा खटखटाकर खोता नहीं।

किनारे पर गोता लगाने वाले क्या जानें,
लहरों से लड़ना इतना आसान होता नहीं।

जो अंदर गया, बस वो अभी तक नहीं मिला,
गहरा इश्क़, इतनी गहराई में मिला।

आज की सुबह कुछ अलग थी

आज की सुबह में कोई अलग सी बात थी,

क्योंकि शायद आज इन आँखों का इंतज़ार ख़त्म होने वाला था।

ये दूरियाँ शायद एक बार फिर,

हम दोनों को एक-दूसरे के क़रीब खींच लाई थीं।

घर से निकलते ही दिल में एक लहर उठी,

ना जाने क्यों पर वो अहसास बेचैनी थी।

आज फिर उनका दीदार होने वाला था,

ज़िंदगी का एक और पल हसीन होने वाला था।

मैंने देखा कि वो दूर से चलती हुई आ रही है,

मानो मुझे अपने आप से मिला रही है।

फिर मिले तो सही पर कुछ अनजान से थे,

नज़दीकियों के बावजूद न जाने क्यों फ़ासले थे।

क़रीब बैठकर अपने आप से बात हम दोनों ने कर ली,

एक-दूसरे से बात करने की कोशिश भी मानो हम दोनों ने कर ली।

उसे लगा कि पहले मैं कुछ बोलूँगा,

पर वो भूल चुकी थी कि मुझे सिर्फ़ उसे सुनने की आदत थी।

जो कभी एक-दूसरे की जान थे, वो आज अनजान थे,

सिर्फ़ आँखें मिलीं, दिल तो अब हम दोनों के बेजान थे।

टूटे तारों से उधार

पूरी रात आसमाँ से लड़ता रहा,
टूटे तारों से कुछ पुरानी ख़्वाहिशें उधार हैं।

प्यार नफ़रत को कुछ सीखा रहा,
तब मालूम पड़ा, कि नफ़रत को भी प्यार है।

हर वक़्त जिससे वो लड़ता रहा,
मालूम था उसे, कि वो उसका यार है।

गिर के चलना सीख रहा,
फिर भी गिर जाता वो हर बार है।

गोताखोर समुंदर से दिल लगा रहा,
उसका डूबना ही जैसे उसके लिए समुंदर पार है।

वो मेरे शहर का एक गाँव है

जिसे मैं साथ लिए चलता हूँ,
वो मेरे शहर का एक गाँव है।
सूरज की इस कड़ी धूप में,
जैसे मेरे लिए वो छाँव है।

भागदौड़ सी इस ज़िंदगी में,
सुकून की बात वो करता है।
लड़खड़ा जाते थे मेरे क़दम,
पर वो कभी नहीं डरता है।
लहराते हुए इस समुंदर के,
किनारे ठहरी वो नाव है।
जिसे मैं साथ लिए चलता हूँ,
वो मेरे शहर का एक गाँव है।

क्या तुमको भी लिख दूँ

क्या तुमको भी लिख दूँ उन पन्नों में,
जहाँ मैंने कुछ यादों को बसाए रखा है।
वो किताबें मैं खोलता नहीं, दर्द देती हैं,
तुमने भी हमें वैसे ही फँसाए रखा है।

ज़िद, ज़रूरत, ख़्वाहिश, ज़िंदगी,
बता और क्या-क्या कहूँ मैं तुम्हें?
ख़ुद पानी-सी बह रही हो मुझमें,
और मुझे बर्फ़-सा जमाए रखा है।
क्या तुमको भी लिख दूँ उन पन्नों में,
जहाँ मैंने कुछ यादों को बसाए रखा है।

आज क्या दिन और क्या है रातें,
लोग कहते हैं, कहीं उलझे से रहते हो।
तुम मस्त-मगन हो ख़ुद में कहीं,
और हमें कहीं ख़्वाबों में फँसाए रखा है।
क्या तुमको भी लिख दूँ उन पन्नों में,
जहाँ मैंने कुछ यादों को बसाए रखा है।

एक हिस्सा बहुत ख़ास था

मेरे एक हिस्से का क़िस्सा, बहुत ख़ास था,
हमसफ़र तो नहीं था, फिर भी पास था।

खोया रहता था अपनी ही धुन में कहीं,
न जाने क्यों, मेरे लिए वो एहसास था।

जब जी घुटने लगता था इस दुनिया में,
तब वो ही हवा, और वो ही साँस था।

बस वो ही रहने दो

बन बैठे हो पर्वत तुम, इस नदी को बहने दो,
मुझे जो हूँ मैं आज, बस वो ही रहने दो।

तुम छू लो आसमान को, मुझे ज़मीन पे चलने दो,
ले लो हर स्वाद सारे, हमें बस रोटी पर पलने दो।

जागे हो तो जी लो ज़िंदगी, हमें बस पड़े रहने दो,
अपने दर्द पर मरहम लगा लो, हमें बस दर्द सहने दो।

आए हैं यहाँ जीवन लेकर, एक बार कोशिश करने दो,
चलो माना खाई होंगी ठोकरें तुमने, अब हमें भी गिरने दो।

खोल दो इन बेड़ियों को आज, हमें आज़ाद रहने दो,
मुझे जो हूँ मैं आज, बस वो ही रहने दो।

तेज़ लहरों से लड़ने

तेज़ लहरों से लड़ने, हम किनारा छोड़ आए।
अगर फँस गई नाव, तो फिर जाएँ तो कहाँ जाएँ?
जीतकर वापस आया, तो कई लोग नज़र आए।
कुछ 'वाह' कर रहे थे, कुछ साथ मिठाई लाए।
जब जेब थी ख़ाली, तो यही सब थे पराए।
मैं सब जानता हूँ, पर ये बात इन्हें कौन समझाए।

कुछ ख़्वाब आए

कुछ ख़्वाब आए, रात को जगाने,
कुछ डरे, सहमे से लगे मुझे।
कुछ फ़िक्र-सा नज़र आ रहा था,
शायद हक़ीक़त से वाक़िफ़ थे वो।
पर ये हक़ीक़त तो मुझे भी मालूम थी,
सब जानकर भी मैं ख़ामोश था।
फिर मैंने अपनी बात सामने रखी,
और दोनों चले गए, वापस नींद में।

वो दो बक्से और मैं

न जाने यह वक़्त कैसे बीत गया।

कुछ साल पहले, दो बक्से साथ लिए,

पापा की उंगली पकड़े, घर से दूर हुआ था।

माँ अपने आँसू मुझे बच्चा समझ छिपा रही थी,

पापा भी बिना आँसू गिराए, मुझे छोड़ गए थे।

आज पापा छोड़ने तो नहीं आते मुझे,

क्योंकि उम्र ने बड़ा कर दिया, पर रिश्ते ने नहीं।

लेकिन माँ आज भी अपने आँसू मुझसे छिपाती है,

पापा आज भी चुप रह कर हाथ हिला देते हैं।

एक बार फिर सब बात भूलकर,

सपने दिल में बसा कर, फिर वही दो बक्से,

और निकल पड़ता हूँ, अपनी मंज़िल की ओर।

ये ज़िंदगी मेरी है

ये ज़िंदगी मेरी है,
तो रास्ता भी मेरा होगा।

कोशिश भी मेरी होगी,
तैयारी भी मेरी होगी।
लड़ूँगा मैं ही स्वयं,
ज़िम्मेदारी भी मेरी होगी।
ये ज़िंदगी मेरी है,
तो रास्ता भी मेरा होगा।

जीत भी मेरी होगी,
तो हार भी मेरी होगी।
यदि चोट लगती है,
पलट-वार भी मेरा होगा।
ये ज़िंदगी मेरी है,
तो रास्ता भी मेरा होगा।

गाँव से शहर

शहर से गाँव, गाँव से शहर,
यही तो सफ़र बन गया है ज़िंदगी का।

सपने गाँव में बैठे देखे,
हक़ीक़त बनाने शहर चले।
वो प्राथमिक शिक्षा गाँव ने दी,
स्नातक बनने हम शहर चले।

बचपन गाँव के गलियारों में छोड़,
जवानी साथ लिए शहर चले।
परिवार का साथ गाँव में छोड़,
अकेलापन लेकर शहर चले।

माँ की मीठी रोटी गाँव में छोड़,
हॉस्टल की सूखी रोटी खाने शहर चले।
पिता ने चंद रुपए गाँव से कमा के दिए,
बड़ी तनख़्वाह बनाने शहर चले।

छोटा मकान गाँव में था,

बड़ी इमारतों का हिस्सा बनने शहर चले।

जो उम्मीद गाँव की थी,

उस उम्मीद को पूरा करने शहर चले।

ख़्वाब बुन लूंगा

कुछ ख़ामोशी में ही बयाँ कर दे,
मैं फिर भी सुन लूंगा।

ये कुछ लम्हों के बिखरे धागों से,
मैं एक ख़्वाब बुन लूंगा।

चाँद निकला था, आज हसीन बनकर,
पर तुझसा कहाँ, जो मैं उसे चुन लूंगा।

वो जहाँ कहाँ जो महान था

वो जहाँ कहाँ जो महान था।

कहते हैं कुरुक्षेत्र का मैदान था,
भाई-भाई के सामने था।
यह चुनावी राजनीति नहीं,
धर्म का अधर्म पर विजय था।
तो वो धर्म कहाँ जो महान था।

कहते हैं सोने की चिड़िया थी,
दुनिया की बिंदिया थी।
विकास की बात तुम आज कर रहे हो,
अनगिनत उपलब्धियाँ थीं।
तो वो उपलब्धियाँ कहाँ जो महान थीं।

कहते हैं भगत-सुभाष का देश था,
यहाँ हर तरह का वेश था।
यह एक-दूसरे को हराने की नहीं,
देश आज़ाद करने का संकल्प था।
तो वो संकल्प कहाँ जो महान था।

क्यों नहीं कहते यह तमाशा बंद करो,

जो तुम लोगों ने चलाया है।

जाति-धर्म से कुछ नहीं होगा,

शिक्षा से देश का विकास करो।

वो जहाँ तो आज भी यहीं है जो महान था।

जिसके बारे में लिखता हूँ

जिनकी वजह से आज मेरी क़लम चलती है,
उस क़लम दिलाने वाले के बारे में लिखता हूँ।

एक वक़्त था, जब नाम से ही डर लगता था,
लेकिन लगता है वो डर ने ज़िंदगी बदल दी।
प्यार तो उनके अंदर भी बहुत भरा पड़ा था,
पर अपनों के सपनों को जो पूरा करना था।
जिनकी वजह से आज जो ख़ुशियाँ मिलती हैं,
उस ख़ुशियाँ दिलाने वाले के बारे में लिखता हूँ।

उनको कभी अपने शौक पूरे करते नहीं देखा,
लेकिन हमारे शौक कभी अधूरे नहीं रहने दिए।
चाहत तो उनके अंदर भी थी, बच्चों के लिए,
शायद कभी काम से फुर्सत नहीं मिल पाई।
जिनकी वजह से जो यह जीवन मिला है,
उस जीवन देने वाले के बारे में लिखता हूँ।

रुका हुआ हूँ

मैं थक तो नहीं गया,
फिर भी रुका हुआ हूँ।
मैं डरा भी नहीं हूँ,
फिर भी झुका हुआ हूँ।

सफ़र का अंदाज़ा नहीं,
पूरा या आधा ही सही।
क्या मेरी मंज़िल वही है,
या है छुपी और कहीं।

नदियों के बीच में हूँ,
फिर भी सूखा हुआ हूँ।
थक तो नहीं गया,
फिर भी रुका हुआ हूँ।

सब्र रखा है

वो फूलों की चाह में मैंने,
हर काँटे को प्यार से चखा है।
आसान नहीं है कुछ रास्तों पे चलना,
वो हर बुरे लम्हे में, मैंने सब्र रखा है।

रेत पे चलकर देखा मैंने,
वो अंगारों जैसा मज़ा नहीं है।
मंज़िल को पाना आसान नहीं,
हर कठिनाई की बस्ती यहीं है।
रास्ते में, अपनों को पराया होते देखा है,
वो हर बुरे लम्हे में, मैंने सब्र रखा है।

सफ़र का भी अपना मज़ा है,
यह बात केवल मुसाफ़िर जानता है।
कुछ हासिल करने के बाद तो,
तुम्हें पूरा जहाँ मानता है।
कभी कमज़ोर था, आज अपना बनाते देखा है,
वो हर बुरे लम्हे में, मैंने सब्र रखा है।

दीपक हूँ मैं

हम टकरा गए चट्टानों से,
आसान मंज़िल क़बूल नहीं थी।

कई साफ़ राहें नज़र आईं,
हाथ फैलाती बाहें नज़र आईं।
हम मुड़ गए अपने रास्ते,
आसान राहें क़बूल नहीं थीं।

कब तक राह छुपाओगे,
मंज़िल ढूँढता आ जाऊँगा।
अंधेरों से डर नहीं लगता जनाब,
दीपक हूँ मैं, छा जाऊँगा।

मैं वो भारत हूँ

हर एक जगह धर्म, जाति से जुदा,
फिर भी आपस में प्यार से भरपूर,
मैं वो भारत हूँ।

एक भूखे ग़रीब की झोपड़ी से लेकर,
एक अमीर की इमारत में बसा,
मैं वो भारत हूँ।

न जाने कितनी कहानियों से भरा इतिहास,
एक बेहतर भविष्य की तरफ़ आगे बढ़ता,
मैं वो भारत हूँ।

माँ से ज़िद कर, रूठने से लेकर,
सरहद पर छाती खोलकर लड़ने वाला,
मैं वो भारत हूँ।

लाख समस्याओं से परेशान होकर भी,
हरैं त्योहार उल्लास से मनाने वाला,
मैं वो भारत हूँ।

अंधविश्वास की जाल में फँसकर भी,
विज्ञान में विश्वास करने वाला,
मैं वो भारत हूँ।

जाने-अनजाने कितने दर्द सह कर भी,
आज सबसे बड़े संविधान के साथ खड़ा,
मैं वो भारत हूँ।

गाँव की एक छोटी क्लासरूम से लेकर,
बड़ी यूनिवर्सिटी के ऑडिटोरियम तक,
मैं वो भारत हूँ।

दुनिया की नज़र से वंचित रहने वाला,
आज हर जुबान पर छाया वो नाम,
मैं वो भारत हूँ।

ख़्वाहिश

ये बड़ी बातें, बड़े सपने,
सिर्फ़ दिखावा नहीं, ख़्वाहिश है।

ऐसी ख़्वाहिश जो सोने नहीं देती है,
लाख ज़ख़्म के बाद भी रोने नहीं देती है।

ऐसी ख़्वाहिश जो हारकर भी जिता देती है,
हर वो बुरे से बुरे दिन बिता देती है।

ऐसी ख़्वाहिश जो सूखे मन को भिगा देती है,
सामने खड़े बड़े से बड़े दुश्मन को हरा देती है।

ऐसी ख़्वाहिश जो कभी झुकने नहीं देती,
हज़ार कोशिशों के बाद भी रुकने नहीं देती।

इसी ख़्वाहिश के लिए जी रहा हूँ,
ख़ुशी-ख़ुशी दुःख का प्याला पी रहा हूँ।

राहें मंज़िल ढूंढ लेती हैं

राहें मंज़िल ढूंढ लेती हैं।

डर जाता है मुसाफ़िर,
उलझी हुई इन राह में।
भूल जाता है ज़ख़्म सारे,
बस मंज़िल की चाह में।
दर्द के बाद सुकून देती हैं,
राहें मंज़िल ढूंढ लेती हैं।

आज लड़खड़ाया अगर,
तो फिर शायद कल नहीं।
चल के रुक जाने के बाद,
यहाँ कोई अब फल नहीं।
चाह हालातों से लड़ लेती है,
राहें मंज़िल ढूंढ लेती हैं।

जो है वो सच है

जो प्यार था,
वो तुझमें बहा दिया।
क्या वो बस है?
जो है वो सच है।

जो आज हुआ है,
शायद फिर न होगा।
हाँ, हम बेबस हैं।
जो है वो सच है।

पूरा नहीं हुआ,
तो क्या ग़म है।
इश्क़ है, लालच थोड़ी है।
जो है वो सच है।

अपने ख़्वाब बुनता रहा

दिल की भी सुनता रहा,
दिमाग़ की भी सुनता रहा।
दुनिया कुछ तो बोल रही थी,
वो अपने ख़्वाब बुनता रहा।

ख़ुद को समझ न पाया,
कभी टूटता-बिखरता पाया।
इतनी रौशनी के बावजूद,
वो ख़ुद को पहचान न पाया।

इन मुकुटों की बस्तियों में,
अपनों को चुनता रहा।
दुनिया कुछ तो बोल रही थी,
वो अपने ख़्वाब बुनता रहा।

कभी कोशिश भी की,
तो कभी इनाम भी लिया।
किस बात का डर था,
जो मरते-मरते तू जीया?

जिनको तेरी परवाह भी न थी,

उनकी भी तू सुनता रहा।

दुनिया कुछ तो बोल रही थी,

वो अपने ख़्वाब बुनता रहा।

ए ज़िंदगी, तेरी भी क्या बात है

ए ज़िंदगी, तेरी भी क्या बात है,
तुझसे ही तो दिन और रात है।

क्या सपने दिखा रखे थे तूने,
क्या अपने दिला रखे थे तूने।
इन सब में ख़ुद को खो दिया,
क्या क़िस्से बना रखे थे तूने।
क्या अख़बार नहीं पढ़ती ज़िंदगी?
सिर्फ़ सपनों के टूटने की वारदात है।
ए ज़िंदगी, तेरी भी क्या बात है,
तुझसे ही तो दिन और रात है।

अब मुझे सिर्फ़ मेरी चाहत है

अब मुझे सिर्फ़ मेरी चाहत है।

वो भी क्या दौर था,

मेरा हर रास्ता उसकी ओर था।

कभी ख़ुद की मदद नहीं की,

लेकिन उसके लिए लगाया हर ज़ोर था।

अब वो सिर्फ़ नज़र में नहीं,

मेरे दिल में समा चुकी थी।

चाहत मेरी अब सिर्फ़ ज़मीन पर नहीं,

चाँद तक जा चुकी थी।

चलो दोस्ती के ही बहाने,

अब हम दोनों क़रीब थे।

क़िस्मत पे मुझे यक़ीन था,

मोहब्बत में हम हमेशा ग़रीब थे।

उसकी हर नादानी को मैंने,
सबसे ऊपर चढ़ने दिया।
उसकी हर छोटी ख़्वाहिश को,
मेरे हर ख़्वाब से आगे बढ़ने दिया।

छोटी सी ग़लती थी शायद,
फिर भी वो मुझे छोड़ गई।
मैं उसे चाहता रह गया,
और वो मेरा दिल तोड़ गई।

थोड़ा सोचा, ख़ुद को समझाया,
अब इस दिल को राहत है।
आपको मेरा प्यार बुरा भी लगे,
पर अब मुझे सिर्फ़ मेरी चाहत है।

तेरा रंगमंच

ख़ुदा, तेरे इस रंगमंच में,
हर कोई कलाकार है।
समझ नहीं पाता इंसान को —
हालात हैं, या हाहाकार है।

दूरियाँ बनाई रखी हैं मैंने,
फिर भी देते मुझे ललकार हैं।
समझते हैं ख़ुद को शेर,
और मानो हम जैसे शिकार हैं।

एक जज़्बात बताता हूँ

चलो, एक बात बताता हूँ,

अंदर छिपा एक जज़्बात बताता हूँ।

इतना क़ामयाब तो नहीं हूँ मैं,

पर तुम्हें आज एक राह दिखाता हूँ।

प्यासा हूँ मैं भी कई दिनों से,

लेकिन इधर आओ — नदियों का पता बताता हूँ।

कई दर्द दिए हैं, ऐ ख़ुदा, तूने मुझे,

फिर भी नटखट सा — ज़िंदगी को सताता हूँ।

हर पल सिखाता है

हर पल मुझे सिखाता है,
एक राह नई दिखाता है।
बिछड़ते हुए ख़ुद से,
मुझे यहीं तो मिलाता है।

ग़ैरों की समझ मुझे,
हर वक़्त यह दिलाता है।
प्यासे मेरे मन को,
पानी यह पिलाता है।

मीठे से एहसास से,
मुझे हौसला दिलाता है।
हर पल मुझे सिखाता है,
एक राह नई दिखाता है।

भटकता मुसाफ़िर

किनारे से अंजान,
भटकता मुसाफ़िर कोई।
कभी इधर, तो कभी उधर,
भटकता मुसाफ़िर कोई।
किनारे से मिलने की जल्दी में,
भटकता मुसाफ़िर कोई।
तो समुद्र में डूबने से डरता,
भटकता मुसाफ़िर कोई।
ज़मीं की उम्मीद से सजा,
भटकता मुसाफ़िर कोई।
अपने हाथों स्वयं रचा,
भटकता मुसाफ़िर कोई।

लफ़्ज़ों ने पनाह दी

कई हवा के झोंके आए,

ख़ुद को रिश्ता बता कर।

चले गए पल भर में दूर,

मुझको बस यूँ ही सताकर।

फिर यहाँ लफ़्ज़ों ने पनाह दी,

मुझे अपना बनाकर।

बना लिया साथी लफ़्ज़ को,

मैंने अपना मानकर।

मैं ख़ुद से मिलना चाहता हूँ

मैं ख़ुद से मिलना चाहता हूँ।
भटका हुआ हूँ — कुछ सपनों के लिए,
और थोड़ी ज़िम्मेदारी अपनों के लिए।

कोशिश आगे बढ़ने की करता हूँ,
'हार' के नाम से मैं कितना डरता हूँ।
एक बार आईने से सवाल पूछना चाहता हूँ —
मैं ख़ुद से मिलना चाहता हूँ।

वो चलता रहा

वो चलता रहा।
रास्ते ने रोका,
न जाने कितनों ने टोका।
तूफ़ानों में जलने वाला चिराग था —
जलता ही रहा।
वो चलता रहा।

मंज़िल की भूख थी,
कोशिश में न चूक थी।
लाख कठिनाइयों की छाँव में,
पलता ही रहा।
वो चलता रहा।

सिर्फ़ एक ख़्वाब होता

तू अगर सिर्फ़ एक ख़्वाब होता,

तो आँखें खोलता — और भूल जाता।

तू अगर सिर्फ़ एक हार होता,

उसे अपनी कमज़ोरी समझ — भूल जाता।

पर तू तो सफ़र था मेरा,

तेरे बिना मंज़िल नज़र नहीं आती।

सपने बुनता रहा

पूरा जहाँ आगे बढ़ रहा था,

वो बैठा — सपने बुन रहा था।

दौड़ने की चाहत थी लोगों में,

उसने तो चलना भी नहीं सीखा था।

दुनिया मुस्कुरा रही थी उस पर,

वो सपनों में — दुनिया घूम रहा था।

क्षणिकाएँ

बंधकर बेड़ियों से, मैं फिर भी आज़ाद हूँ,
चेहरे से नहीं शायद, दिल से मैं आबाद हूँ।
हूँ नाकाम शायद — तेरे कुछ पन्नों में मैं,
लेकिन अपनी किताब में, मैं लाजवाब हूँ।

क्या पता - हर कोई यहाँ आज़ाद रहना न चाहता हो,
खुला आसमाँ नहीं - पिंजरा अपनी पसंद का चाहता हो।
सवाल ये नहीं कि कौन सही है और कौन ग़लत,
वो क़ैद होकर भी आज़ाद हो - कुछ भी न कहना चाहता हो।

ठोकरें खाई हैं हज़ारों, और दर्द के साथ पला हूँ,
फूल तो आए आज राह पर, मैं काँटों पर भी चला हूँ।

ख़्वाब से बात हुई, उसके टूटने के बाद,
वो हक़ीक़त किसी और का बनना चाहता था।

तुझे चाँद की चाह है, और मुझे चाह है तेरी

चाँद मैं ले आऊँगा, तू चाह पूरी कर दे मेरी।

पल भर में वो क़रीब, पल भर में दूर हो गए,
आंधी आई, तो ये रिश्तों के महल चूर हो गए।
लाख ख़्वाब देख रखे थे साथ मिलकर कभी,
मंज़िल से पहले वो किसी और के नूर हो गए।

कई बातें लिखीं तेरी, मैंने तेरे जाने के बाद
जब-जब वहाँ से गुज़रा, तब-तब आई तेरी याद।

आज उस टूटे हुए तारे से मैंने कुछ नहीं माँगा,
क्योंकि वो बस ख़्वाब दिखता है, उसे पूरा नहीं करता।
सोचता रहा उसे, खुले आसमान के नीचे बैठा मैं
एक और तारा टूटा, बस अब मैं टूटना नहीं चाहता था।

कल की कुछ ख़बर नहीं, फिर भी आस लगाए बैठे हैं
हक़ीक़त से दूर एक जहाँ में, तुम्हें सीने से लगाए बैठे हैं।

शहर से दूर ये शहर जा रहा है,
लगता है जैसे नज़दीक आ रहा है।

कोशिश की मंज़िल की चाह में,
राह भी मिलने लगी मुझे, यहाँ राह में।

सुना है, किताबों के पन्नों में,
छिपी है यह मंज़िल कहीं।
टटोलने से नहीं मिली,
क्या वो भी खोई है और कहीं?

न मंज़िल की ख़बर है, न राह का कोई पता,
थक सा गया हूँ, ख़ुदा... अब तो कुछ बता।

खुले आसमान के नीचे, छोटा सा एक घर है,
फिर भी न जाने क्यों, दिल में इतने डर हैं।
यहाँ ख़ुद को छोड़, हर चीज़ की चाह है,
क्या ख़ुद से मिलने की भी कोई राह है?

कई ख़्वाब भटकते नज़र आए इस राह में,
शायद वो भी थे उस मंज़िल की चाह में।

अपने आप से मिलने के लिए,
अपने आप से जुदा हुआ हूँ।
तू तो नहीं मिला, ऐ ख़ुदा —
अब मैं ही अपना ख़ुदा हुआ हूँ।

कल निकल जाऊँगा,
एक यादों का बक्सा साथ लिए।
फिर फुर्सत मिली तो देखूँगा,
कैसे पूरी ज़िंदगी हम एक पल में जी लिए।

नहीं चाहिए वो चाँद,
जिसे गुरूर है अपनी रौशनी पर।
एक सितारे से है मोहब्बत,
जो गुम है इस आसमान में कहीं।

सिकंदर से कोई ख़्वाब नहीं है मेरे,
बस वो पूरे कर दे, जो ऐ ख़ुदा — तूने दिखाए हैं।

आधा चाँद इनका हुआ, और आधा चाँद ये ले गए,
लड़ता रहा मुल्क ज़मीन पर — ये उनका आसमान ले गए।

आज़मा ले मुझे — आज तू मुझे,
तू कुछ और ही मुझे पाएगा।
मुझ में ही डूबा, मुझे देख तू—
शायद ख़ुद ही में खो जाएगा।

इंसान को खोजने — ख़ुद इंसान चल रहा है,
जैसे सूरज से मिलने — ख़ुद सूरज ढल रहा है।

मैंने कुछ पुराने लम्हों को, काँटों से सजाकर रखा है,
अब न छू सकता हूँ — और न ही उसे भुलाना चाहता हूँ।

लाख महफ़िलें ठुकराकर,

आज ख़ुद की महफ़िल में आया हूँ।

तेरे जाने के बाद — आज

मैं पहली बार ख़ुद से मिल पाया हूँ।

अंदाज़, नज़रअंदाज़ इश्क़ का —

कैसे मैं बयाँ करूँ?

इश्क़-ए-मोहब्बत है, हमने मान लिया —

फिर क्यों मैं हया करूँ?

कहानी हर बार तुम्हारे हिसाब से नहीं चलती,
तुम भी बस एक किरदार हो — उसकी कहानी का।

समुंदर से पानी लेकर,
बादल उसी पर पानी बरसाता है।
ये कैसी प्यास है, कौन जाने —
प्यासा कुएँ को तरसाता है।

कुछ ख़ामोशियाँ जो मैं सुन लेता था,
उसकी आवाज़ — मुझसे दूर तू ले गई।
मुझमें 'मैं', शायद अब बचा ही नहीं,
जो कुछ भी मैं था — वो सब तू ले गई।

राहें अभी ज़िंदा हैं,
उम्मीद तो कल फिर ले आएंगे।
थोड़ी सूखने दे ज़मीं,
बादल फिर खींच ले आएंगे।

आज अगर इस महफ़िल में,
सिर्फ़ हुस्न की इज़्ज़त होती —
तो चाँद-तारे ज़मीन पर होते,
और ये रात घोर अँधेरी होती।

वो भी एक बादल ही तो था,
जो पल भर बरसा — और चला गया।
वो जो भी था, ग़लत नहीं था।
कुछ बूँदें ही मुझ पर गिरी थीं,
फिर भी मैं — पूरा भीग गया था।

अभी-अभी जो बादल बरसा था,
समुंदर से यारी कर बैठा था — जब वो तरसा था।

तू मुझ पर छा कर — कई औरों पर बरसे,
कैसा आसमाँ तू? जा, तेरी ज़मीं तरसे।

वो ख़ामोश कैसे हुआ — जो गूँजता था हर बात पे?
वो ख़्वाब कैसे देखने लगा — जो डरता था रात से?
वो सारी बातें मानने लगा — जो नहीं मानता था लात से।
ऐसी हार मिली कहाँ से — जो ख़ुश है वो इस मात से।

तेरे रूठने के बाद — मेरा आसमाँ क्यों रोता है?
अगर इश्क़ सच्चा हो — तो अक्सर यही होता है।

रात को सूरज डूबने के बाद — वो चाँद बनकर निकले,
मैं तो हार ही गया था — पर मुझसे बड़े मेरे ख़्वाब निकले।

कल मैं फिर नई बात लिखूँगा,

अपने हाथों से — अपने दिन-रात लिखूँगा।

मत आज़मा मेरे लफ़्ज़ों को, ए ज़माने,

एक दिन फुर्सत में — तेरी भी औक़ात लिखूँगा।